AF452706

Les Héroïnes de la Victoire

Jeanne d'Arc *(1412-1431)* — **N° 1**

Les Héroïnes de la Victoire

Jeanne Hachette (*1472*). — Nº 2

Les Héroïnes de la Victoire

Marie Fouré *(Siège de Péronne, 1536)*. — **N° 3**

Les Héroïnes de la Victoire

Mˡˡᵉ Philis de la Charce (*1692*). — N° 4

Les Héroïnes de la Victoire

Jacqueline Robins (*Siège de Saint-Omer, 1710*). — N° 5.

Les Héroïnes de la Victoire

Mlles Fernig (Félicité et Théophile) (*1792*). — N° 6

Les Héroïnes de la Victoire

Rosc Bouillon (*1793*). — N° 7

Les Héroïnes de la Victoire

Les Femmes de Landrecies (*1794*). — N° 8

Les Héroïnes de la Victoire

Alexandrine Barreau (*16 août 1794*). — N° 9

Les Héroïnes de la Victoire

Virginie Chesquière (*2 mai 1808*). — N° **10**

Les Héroïnes de la Victoire

Juliette Dodu (*1870-1871*). — **N° 11**

Les Héroïnes de la Victoire

Madame Jarrethout (*1870-1871*). — **N° 12**

MADAME JARRETHOUT — N° 12

1870-1871

Marie-Julienne-Thérèse-Josèphe Biohain, femme Jarrethout, est née à Ploërmel (Morbihan) le 30 juillet 1817.

Pendant la campagne de 1870-1871, son mari s'engagea dans les francs-tireurs de Paris. Elle voulut le suivre, tellement que le 12 août, elle aussi, signa un engagement au premier bataillon, comme cantinière de ces mêmes francs-tireurs. Plus connue sous le nom de *mère des volontaires*, Mme Jarrethout acquit vite une réputation de bravoure que les faits tragiques de cette mémorable campagne mirent en relief.

Mme Jarrethout prit part à toutes les affaires auxquelles furent mêlés les francs-tireurs. Aux combats de Ruelles, de Melun, de Milly, de Damocs, de Courances, d'Ablis, du Mans, d'Alençon, elle montra un courage et un dévouement comparables aux plus beaux faits de l'histoire. Mais c'est principalement à l'héroïque défense de Châteaudun que la vaillante femme conquit l'admiration de tous les bons Français par son indomptable intrépidité et son imperturbable sang-froid. Les défenseurs de la petite cité, ville ouverte, résistèrent héroïquement pendant plus de neuf heures, dans la journée du 18 octobre, aux attaques d'un corps prussien de plus de 8000 hommes qui ne put réussir à l'occuper qu'après l'avoir bombardée, incendiée et presque totalement réduite en cendres.

La *mère des volontaires* pendant cette terrible journée donna toute la mesure de son héroïsme. Sans souci du danger, elle affronta les balles prussiennes qui pleuvaient autour d'elle pour secourir les blessés, panser leurs blessures et apporter à nos braves soldats les suprèmes consolations. On raconte que, déguisée en sœur de charité, elle alla souvent jusque dans les lignes allemandes soigner nos blessés abandonnés. Son dévouement du reste se traduisait sous mille formes diverses, car il arriva encore qu'on lui confia un jour la caisse du bataillon qu'elle parvint à mettre en lieu sûr. Elle remplit avec une étonnante crânerie de nombreuses missions à travers les lignes ennemies au péril de sa vie et avec une abnégation remarquable. C'est elle encore qui, dans des circonstances particulièrement dramatiques, sauva la vie à M. Marsoulan, conseiller municipal de Paris.

Elle assista à toutes les opérations de l'armée de la Loire et ne quitta son poste qu'à la cessation des hostilités.

Ce ne fut que le 12 juillet 1880 que le gouvernement se décida à récompenser l'héroïne de Châteaudun en lui décernant la croix de la Légion d'honneur.

En. RICHA.

C. CHARIER, éditeur à Saumur.

JULIETTE DODU — N° II

(1870-1871)

Mademoiselle Juliette Dodu est née en 1850 à Saint-Denis (île de la Réunion), de parents français, dont le père était chirurgien de la marine française.

Pendant la funeste guerre de 1870-1871, elle se distingua tout particulièrement. Nommée directrice du bureau télégraphique de Pithiviers à l'âge de 20 ans, sa vaillante conduite la fit signaler dans plusieurs ordres du jour de nos généraux. Gambetta lui-même, qui avait eu connaissance de son dévouement patriotique, lui avait décerné une mention honorable au nom du gouvernement de la Défense nationale. Voici dans quelles circonstances :

Après la capitulation de Metz, Frédéric-Charles vint renforcer les lignes bavaroises et contraindre l'armée de la Loire à la retraite. Pithiviers ne tarda pas à tomber aux mains des Prussiens. Juliette Dodu, avec une audace et une présence d'esprit remarquables, cacha aussitôt les appareils télégraphiques et, aidée de sa mère, elle les mit, à la faveur de la nuit, en communication extérieure avec les fils prussiens installés dans le bureau.

Sans se douter du stratagème, les Allemands, qui croyaient que les Français avaient détruit leurs appareils simplement pour ne pas les voir tomber entre leurs mains, restèrent ainsi pendant 17 jours, dupes de l'héroïque supercherie de Juliette Dodu. Elle put en effet saisir au passage d'importantes dépêches et les transmettre au général d'Aurelle de Paladines. Elle sauva ainsi d'une ruine certaine un corps de notre armée sur le point d'être cerné par les Prussiens. Prévenu à temps, le général français fit sauter le pont de Gien et battit en retraite avant que les Allemands qui étaient à sa poursuite eussent pu passer la Loire.

Juliette Dodu, dénoncée par une domestique, fut emprisonnée et condamnée à mort par le conseil de guerre prussien ; mais le prince Frédéric-Charles, mis au courant des faits, fut touché du magnanime dévouement de cette jeune fille ; il gracia Juliette, et poussa même la générosité jusqu'à la complimenter de son courage.

Le gouvernement témoigna son admiration à l'héroïque télégraphiste en lui décernant la médaille militaire en 1877 et la croix de la Légion d'honneur en 1878. En 1880, elle a été nommée déléguée générale pour l'inspection des salles d'asile.

Er. Richa.

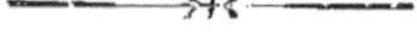

J. GIRARDET, éditeur à Saumur.

VIRGINIE CHESQUIÈRE — Nº 10

(2 mai 1808)

Virginie Chesquière naquit à Deulemont, près de Lille. Son jeune frère jumeau fut appelé sous les drapeaux en 1806 ; mais, comme il était d'une constitution frêle et maladive, elle se mit en tête de s'affubler des vêtements de son frère et de partir à sa place.

A la faveur de ce déguisement elle fut incorporée au 27e de ligne.

Le 2 mai 1808, nos troupes étaient dans la péninsule Ibérique où elles avaient à lutter contre des forces supérieures en nombre. Un jour de bataille contre les Anglais aux environs de Lisbonne, Virginie Chesquière, sergent de voltigeurs, aperçut son colonel blessé, étendu au pied d'un arbre, à demi mort, couché sous son cheval abattu.

Notre petit sergent, à ce spectacle, rassemble son peloton et excite le courage de ses soldats par son exemple. Puis, s'adressant à tous, il leur dit : « Le corps d'un colonel est un drapeau qui appartient au régiment, et le 27e le reprendra. » Aussitôt, il s'élance suivi de ses voltigeurs petits comme lui, car on sait que les voltigeurs formaient à cette époque, dans le bataillon, une compagnie d'élite exclusivement composée de soldats de petite taille. Les braves petits pioupious sont criblés de projectiles et presque tous tués avant d'atteindre le but. Le sergent Chesquière arrive seul auprès de son colonel et fait de vains efforts pour le charger sur ses épaules. Soudain, arrivent deux officiers anglais. Virginie Chesquière, sans se laisser décontenancer par cette situation périlleuse, saisit son fusil et atteint l'un de ses adversaires à l'épaule, puis fonce sur l'autre à la baïonnette. L'attaque fut tellement rapide que nos deux Anglais furent faits prisonniers.

Profitant de cet avantage, elle les tient tous deux à distance et leur intime l'ordre de remettre eux-mêmes le colonel sur sa monture ; puis, poussant l'initiative jusqu'à l'audace la plus crâne, elle attache les deux prisonniers à la queue du cheval et retourne ainsi au camp où on lui fait une ovation bien méritée.

On s'aperçut pourtant que le petit sergent avait reçu au bras gauche une légère blessure qui nécessita son transport à l'hôpital d'Almeida, puis de là à Burgos où il fut bientôt rétabli.

L'année suivante, blessé à la poitrine, le chirurgien découvrit enfin la supercherie patriotique du petit sergent qui n'était autre que Virginie Chesquière.

En 1811, elle reçut la décoration, récompense méritée, des mains du colonel qu'elle avait sauvé. Elle servit encore un an et obtint son congé à la fin de 1812.

Er. Richa.

C. CHARIER, éditeur à Saumur.

ALEXANDRINE BARREAU — N° 9

(16 août 1794)

Alexandrine-Rose Barreau, comme d'autres femmes de cette génération héroïque, à l'appel de la patrie en danger pendant la guerre de la Révolution, s'enrôla avec son mari et son frère dans un bataillon du département du Tarn. Elle s'en alla aux frontières repousser les armées étrangères, coalisées pour écraser notre pauvre France. L'enthousiasme légitime que provoqua cette injuste coalition fit naître des traits d'héroïsme sublimes et des dévouements magnanimes. Les femmes ne se montrèrent pas moins ardentes dans cette explosion de patriotisme; et, à la faveur d'un subterfuge facile, elles parvenaient à s'enrôler sous des noms d'emprunt et à suivre ainsi leurs maris ou leurs frères parmi les mille dangers de la guerre.

Les délégués de la Convention pour le recrutement des armées fermaient d'ailleurs volontiers les yeux sur cette infraction aux lois; aussi le nombre des femmes-soldats fut-il à cette époque assez considérable.

Celle dont nous nous occupons ici a droit à toute notre admiration. Elle combattit dans les rangs de l'armée des Pyrénées-Occidentales où le fameux capitaine La Tour d'Auvergne accomplissait ses étonnantes prouesses. Alexandrine Barreau se distingua particulièrement à l'attaque de la redoute d'Alloqui contre les Espagnols, le 16 août 1794 (29 thermidor an II). Une pluie de fer et de feu tombe sur les rangs français; mais Alexandrine brave la mort en s'élançant avec une intrépidité héroïque vers les retranchements espagnols. Au même instant son mari et son frère tombent à ses côtés. Cette cruelle adversité n'arrête pas son élan. Elle pénètre dans la redoute avec deux autres grenadiers et venge les objets de sa tendresse en terrassant plusieurs ennemis; c'est la victoire. Puis elle revient auprès des blessés, qu'elle caresse en leur prodiguant les soins les plus touchants. Elle emporte son mari dans ses bras jusqu'à l'ambulance et lui apporte, au moment de la mort, les consolations d'une tendre épouse.

Cette femme admirable ne s'en tint pas à cette première et cruelle épreuve. Elle jugea, dans son for intérieur, que désormais elle pouvait se vouer à la défense du drapeau. C'est dans cet état d'esprit qu'on la vit alors suivre les campagnes de la République et de l'Empire.

Dans la suite, lorsque ses blessures et ses fatigues ne lui permirent plus de combattre, elle fut admise à l'hôtel des invalides d'Avignon, et les honneurs militaires lui furent rendus à sa mort.

ER. RICHA.

C. CHARIER, éditeur à Saumur.

LES FEMMES DE LANDRECIES — N° 8

(*1794*)

C'était au mois d'avril 1794. La Flandre française était envahie par une armée formidable dont le principal objectif était la prise de Landrecies. L'armée alliée avait formé trois colonnes d'attaque : le prince de Cobourg à la tête des Impériaux commandait la première ; le duc d'York avec ses Anglais formait la seconde ; la troisième comprenait les Hollandais sous les ordres du prince d'Orange.

Malgré une vive résistance, l'armée républicaine ne put empêcher les coalisés d'investir la place de Landrecies, qui fut détruite de fond en comble. Un bombardement terrible ne laissa rien des monuments publics et des maisons particulières. La petite cité ne fut plus qu'un monceau de ruines.

Ce ne fut pas assez pour réduire l'indomptable énergie de ses habitants. On vit un spectacle noble et réconfortant : les femmes de Landrecies, mues par un sentiment magnanime et digne d'être comparé aux plus beaux dévouements de l'antiquité, décidèrent de continuer la lutte, apportant aux défenseurs de la place l'aide de leur vaillance et le secours de leur foi patriotique.

Elles déployèrent aussitôt un courage héroïque qu'on n'était pas en droit d'attendre de la faiblesse de leur sexe. On vit ces femmes intrépides bravant audacieusement l'épouvantable feu de l'ennemi, exciter les combattants par leur exemple, aller chercher les blessés au milieu de la mitraille, les transporter dans les ambulances et, à l'abri des casemates, panser et soigner leurs blessures avec une abnégation et un dévouement vraiment admirables.

L'effet de ce concours inattendu ne tarda pas à produire un résultat appréciable.

Electrisés à la vue de cet élan magnanime des femmes de Landrecies, les défenseurs ranimèrent leur courage abattu ; et la prolongation de leur résistance permit à l'armée de secours de tenter une attaque pour leur délivrance.

Fatalité ou impéritie, on ne sait à quoi attribuer l'échec de la tentative ; ce qui n'est malheureusement pas douteux, c'est que le général Chapuis, chargé par la Convention de l'attaque contre un ennemi supérieur en forces et établi dans des positions inexpugnables, fut repoussé et fait prisonnier.

Presque simultanément les assiégés, quoiqu'ils eussent pu prolonger la lutte et qu'ils ne manquassent ni de vivres ni de munitions, se rendirent, croyant sans doute que l'échec de l'armée de secours devait marquer le terme de leur résistance. C'était le 30 avril 1794.

ER. RICHA.

C. CHARIER, éditeur à Saumur.

ROSE BOUILLON — N° 7

(1793)

Cette époque tragique de la Révolution française n'a sa pareille dans aucun siècle, depuis la création du monde jusqu'à nos jours. Jamais les passions nobles ou mauvaises n'ont atteint un tel degré d'acuité dans le bien comme dans le mal. Notre rôle ici étant de ne nous occuper que des premières, nous n'avons que l'embarras du choix pour glorifier le courage et la vertu, le patriotisme dans ce qu'il a de plus sincère et le dévouement qui touche au sublime.

Notre héroïne possède un nom méconnu et ignoré des historiens. Je crois bien que l'honneur de l'avoir tiré de l'obscurité appartient à Mme Michelet. Rose Bouillon, en effet, était mariée à un certain Julien Henri lorsque ce dernier fut appelé sous les drapeaux et obligé de quitter le foyer conjugal pour s'enrégimenter au 6e bataillon de la Haute-Saône. Au nom de la patrie en danger, il allait, comme tant d'autres, se séparer de sa femme et de ses jeunes enfants, pour exposer ses jours sur le champ de bataille. La séparation fut cruelle, mais le devoir l'emporta : il partit.

Rose Bouillon resta seule au village, triste et rêveuse. Elle regrettait de n'avoir pas suivi celui dont elle était aimée. Déjà elle se préoccupait de savoir comment elle pourrait le rejoindre, lorsqu'elle pensa à ses pauvres petits enfants : que deviendraient-ils, seuls, en son absence ? C'était bien là l'unique obstacle.

Cette préoccupation obsédait son esprit, lorsqu'un jour le tambour du village, accompagné du commissaire délégué par la Convention, vint la tirer de sa mélancolie. Toute la population était réunie sur la place publique où les hommes valides du pays s'enrôlaient pour défendre nos frontières.

Enervée par le bruit, affolée d'enthousiasme, Rose Bouillon se présente et, malgré son sexe, elle est admise.

Elle confie ses chers enfants aux soins paternels des grands-parents, et, quelques jours après, costumée avec des vêtements de son mari, elle part les yeux pleins de larmes et le rejoint au 6e bataillon de la Haute-Saône.

C'est là que nous la voyons, aux côtés de son époux, intrépide devant l'ennemi, entraînant par son exemple les soldats enthousiasmés. Cette femme héroïque, soutenue par le patriotisme le plus pur, semblait invulnérable au milieu de la mitraille. Elle conservait toujours la même ardeur en présence du danger, et, il faut le dire, on eût pu croire qu'une main protectrice savait la tirer à temps des plus grands périls.

Au combat de Limback, son mari fut tué près d'elle. Le coup fut terrible ; mais, par une réaction qui montre que la suprême énergie n'est pas incompatible avec la faible constitution de la femme, elle refoule en son cœur les larmes qui inondent son visage et continue à lutter vaillamment, follement. La rage extraordinaire qu'elle mit à combattre contribua puissamment au succès de nos armes dans cette affaire.

Après le malheur qui venait de la frapper si cruellement, sa présence à l'armée n'avait plus de raison d'être ; elle quitta l'habit militaire et s'en alla retrouver ceux qui l'attendaient, lui tendant leurs petits bras

La Convention récompensa la brave femme en lui votant une pension personnelle de 300 livres et de 150 pour chacun de ses enfants.

Er. Richa.

C. CHARIER, éditeur à Saumur.

Mlles FERNIG (Félicité et Théophile) — N° 6

(1792)

Mlles Fernig étaient les filles d'un ancien officier dont les fils servaient l'un à l'armée des Pyrénées, l'autre à l'armée du Rhin, à l'époque où les frontières de la France étaient de toutes parts menacées d'invasion. Nos deux héroïnes naquirent à Mortagne, petite ville du département du Nord, où leur père, M. Fernig, commandait la garde nationale. Ce brave vétéran avait communiqué son ardeur patriotique à tous les campagnards de sa région. Avec leur concours, il était parvenu à constituer une sorte de phalange en vue de prévenir les méfaits des hussards autrichiens qui, à chaque instant, franchissaient la frontière pour piller et incendier la contrée.

Emues du danger que courait leur père et soucieuses avant tout de l'existence même de leur patrie, elles voulurent concourir à son affranchissement en prenant les armes pour la défendre et veiller sur leur père en se mêlant à son insu aux soldats improvisés par lui.

Elles revêtirent les habits que leurs frères avaient laissés à la maison en partant pour l'armée ; elles s'armèrent de leurs fusils de chasse et, suivant plusieurs nuits la petite colonne guidée par M. Fernig, elles s'aguerrirent au combat et à la fatigue, électrisant les soldats par leur exemple, sans que leur père s'en doutât.

Cependant Beurnonville, ayant entendu parler de l'héroïsme des volontaires de Mortagne, se dirigea du côté de la petite ville, lorsqu'en route il rencontre Fernig lui-même à la tête de sa petite phalange ramenant des prisonniers. Le général voulut passer en revue ces braves paysans avec les honneurs de la guerre. Ils s'alignèrent, tout fiers d'être traités en soldats, lorsque Beurnonville s'aperçut de la timidité de deux jeunes volontaires qui semblaient se cacher derrière les rangs... Fernig allait leur adresser de vives remontrances lorsque, voyant leur secret découvert, elles se jetèrent aux pieds de leur père, implorant son pardon. Le pauvre père embrassa ses enfants, les yeux pleins de larmes.

Possédant maintenant l'approbation de leur père, les deux jeunes filles jurèrent de se vouer à la défense de la patrie. Elles restèrent alors aux armées, se tenant sans cesse aux avant-postes, respectées et honorées de tous les soldats, qui avaient pour elles la plus grande admiration.

Dumouriez se les attacha comme officiers d'ordonnance pendant la campagne de l'Argonne. Elles combattirent à Valmy, puis à Jemmapes. L'aînée, Félicité, suivit à cheval le duc de Chartres (plus tard Louis-Philippe), qu'elle ne quitta pas pendant la bataille. Théophile, elle, portait les ordres du général en chef et marchait avec lui à l'assaut des redoutes de l'aile gauche.

Après la trahison de Dumouriez, les sœurs Fernig rentrèrent dans l'ombre et dans la tranquillité. L'une d'elles, Félicité, épousa un officier belge et mourut à Bruxelles ; l'autre, qui ne voulut jamais se séparer de sa sœur, mourut célibataire après s'être adonnée à la poésie et à la musique.

Er. Richa.

C. CHARIER, éditeur à Saumur.

JACQUELINE ROBINS — N° 5

(*Siège de Saint-Omer 1710*)

Jacqueline-Isabelle Robins naquit vers la fin du XVIIe siècle. Elle appartenait à une famille du peuple, et son mari, Guillaume-François Boyaval, lorsqu'il mourut, la laissa dans une situation voisine de la misère. Peut-être son nom ne fût-il jamais sorti de l'obscurité où il semblait enseveli, si M. Jean Derheims, un savant compatriote de Jacqueline, n'eût fait connaître, dans son *Histoire de Saint-Omer*, des faits dignes de passer à la postérité.

La ville de Saint-Omer eut à soutenir un siège long et terrible en 1710, pendant la guerre de succession d'Espagne, contre François de Savoie, plus connu sous le nom de prince Eugène, et Jean Churchill, comte de Marlborough. La place était investie par les armées coalisées, lorsqu'au bout de quelques jours d'une lutte acharnée les assiégés vinrent à manquer de munitions. Cette situation les mettait à la disposition de leurs ennemis, en les amenant à une capitulation honteuse et à la ruine de leurs espérances, extrémités d'autant plus regrettables que la garnison était en force pour résister à l'attaque. Sur ces entrefaites, une femme du peuple, Jacqueline-Isabelle Robins, offrit aux magistrats de Saint-Omer d'aller en barque à Dunkerque chercher des munitions pour leur permettre de continuer la résistance.

A la faveur d'un stratagème, naviguant la nuit, dissimulant sa cargaison sous des couches de légumes, la brave femme fit de nombreuses expéditions. Grâce à son courage, elle assura ainsi le ravitaillement des Audamarois au péril de sa vie, et sauva sa ville natale d'une destruction complète. La vaillante héroïne dans ses excursions nocturnes fut pourtant prise et arrêtée par les Autrichiens; mais elle sut déconcerter ses interlocuteurs et écarter les soupçons par son audace et sa présence d'esprit.

M. Lormier, habile sculpteur de Saint-Omer, a exposé au Salon de 1883 le modèle en plâtre d'une statue de Jacqueline. Exécutée en marbre, cette statue fut acquise par la ville et inaugurée sur la place du Vainquai, le 4 juin 1884.

ER. RICHA.

Mlle PHILIS DE LA CHARCE — N° 4

(1692)

En 1692, la Ligue d'Augsbourg avait coalisé contre la France l'Europe centrale, et le duc de Savoie, Victor-Amédée II, s'étant allié aux Impériaux contre Louis XIV, tenta une invasion sur le territoire français, et pénétra tout à coup dans le Dauphiné avec une armée de 25.000 hommes, commandée par le prince Eugène et composée en grande partie de bandes allemandes et espagnoles.

La guerre de Flandre avait fortement appauvri les contingents dont disposait le Roi-Soleil ; en sorte que Louis XIV n'avait guère à opposer aux forces du duc de Savoie que dix mille hommes environ.

Catinat, qui commandait la petite armée, n'avait qu'à se tenir sur la défensive. C'est ce qu'il fit en attendant l'ennemi au passage de Suze et de Pignerol.

Mais les protestants, chassés de France par la révocation de l'édit de Nantes, inspirés par les rancunes d'une impitoyable persécution religieuse, profitèrent des circonstances pour exercer des représailles. Ils envoyèrent 4000 des leurs, commandés par le maréchal de Schomberg, se joindre aux populations protestantes des hautes vallées qui guidèrent les troupes du duc de Savoie à travers les cols des Alpes, réputés impraticables.

On assista alors à des atrocités sans nom. Les villes d'Embrun et de Gap furent entièrement détruites. Une centaine de villages furent dévastés et brûlés. Les femmes et les enfants ne furent même pas épargnés par ces forceués redoutables.

L'armée du prince Eugène s'apprêtait à descendre les goulets sinueux où dévalent la Drôme, l'Aille et l'Aygues, pour tomber dans la vallée du Rhône, et piller ensuite les riches cités de Valence, de Montélimar et d'Orange. Ce plan d'ailleurs ne pouvait être contrarié par Catinat, qui restait immobilisé dans la vallée de la Durance et gardait avec ses troupes le chemin de Grenoble et celui de la Provence.

La situation était d'autant plus critique que la vallée du Rhône, objectif de l'ennemi, se trouvait sans défense : pas un officier, pas un gentilhomme ayant quelque expérience de la guerre dans la région ; tous servaient dans l'armée de Flandre.

C'est alors qu'apparaît l'héroïque figure de Mlle Philis de la Charce. Ayant conscience du danger que court son pays, elle se met à la tête des campagnards excités par son exemple. Elle improvise une guerre de guérillas admirablement conduite ; elle fait couper les ponts, garder les passages, et, grâce à ces précautions, elle force l'ennemi à rétrograder. Le prince Eugène ne put en effet pénétrer au delà de Gap. Secondée par sa mère, Mme de la Charce, et par sa sœur aînée, qui tenaient en éveil les gens de la plaine, elle repoussa les alliés en maintes rencontres et préserva sa chère cité de Nyons et la vallée du Rhône des horreurs de la dévastation et du massacre.

Mlle Philis de la Charce joignait à la vertu patriotique le don des choses de la guerre. Elle fit preuve non seulement d'une intrépidité superbe, mais de remarquables qualités stratégiques.

En. RICHA.

C. CHARIER, éditeur à Saumur.

MARIE FOURÉ — N° 3

(Siège de Péronne, 1536)

Charles-Quint, empereur d'Occident, voulant terrasser son terrible rival, François Ier, envahit simultanément la France au nord et au midi. Ses troupes déjà avaient pénétré en Provence lorsqu'il envoya le comte de Nassau mettre le siège devant Péronne en Picardie, à la tête de 60,000 hommes.

La ville fut investie le 10 août 1536. Le bombardement commença le 14, et le comte de Nassau, avec 60 canons, alla jusqu'à tirer plus de 1800 coups par jour sur la vaillante cité.

Ce siège fut un des plus meurtriers de l'histoire. La ville, défendue par d'Estourmel, son gouverneur, par le maréchal de Lamarck et par le comte de Dammartin, fit une résistance héroïque.

Le 25 août, il s'en fallut de bien peu que les défenseurs ne fussent écrasés sous le nombre. Pendant toute la nuit les Impériaux avaient battu en brèche les murs de Péronne, et le 25 ils donnèrent l'assaut de tous côtés à la fois.

Les femmes assistèrent courageusement nos soldats ; mais l'une d'elles se distingua entre toutes par sa vaillance.

Cette femme était Marie-Catherine Leleu de Poix, que l'histoire connaît sous le nom de Marie Fouré. Pendant l'assaut, notre héroïne se trouvait au lieu dit les Grands-Moulins ; l'action y était beaucoup moins vive qu'ailleurs, et il ne s'y passait rien qui pût causer la moindre alarme. Lorsque tout à coup le bruit courut dans la ville que les Bourguignons étaient déjà sur les murailles où l'on venait de voir leurs étendards flotter au-dessus de la porte de Paris. Les soldats commençaient déjà à se replier dans l'intérieur de la ville, glacés d'épouvante. A leurs cris, Marie Fouré court précipitamment vers la porte, et, apercevant une brèche assez large, elle appelle à son secours bourgeois et soldats ; puis, n'écoutant que son courage, elle se présente devant un officier ennemi qui se dispose à arborer l'étendard des Impériaux sur le rempart et à franchir la crête du mur.

« Donnez, donnez, dit-elle ; je vous aiderai à monter. » Séduit par son air de franchise, l'officier ennemi lâche son étendard ; mais notre héroïne, plus disposée à venger sa patrie qu'à la trahir, retourne le fer d'une main hardie et vigoureuse contre son naïf agresseur et dans l'instant renverse son homme, le précipite dans le fossé, et revient en criant : Victoire !

Encouragés par l'audace de la vaillante Péronnaise, les défenseurs repoussent partout les Impériaux ; désespérant alors de réduire la place, le comte de Nassau se décida enfin à lever le siège, au bout de trente-deux jours et après avoir tenté trois assauts.

François Ier récompensa les habitants de Péronne de leur défense héroïque en les exemptant à tout jamais de leurs impôts, et ils jouirent de cette immunité jusqu'à la Révolution.

En RICHA.

JEANNE HACHETTE — N° 2

(1472)

Jeanne Hachette était la fille de Matthieu Laisné. Elle naquit en 1454, et ses compatriotes la surnommèrent plus tard Jeanne Hachette, à cause d'une petite hachette dont elle se servit en combattant, au siège de Beauvais, sa ville natale. On montre encore de nos jours la maison où elle est née, dans une rue qui porte le nom de l'héroïne.

Voici d'ailleurs en quelles circonstances sa mémoire a passé à la postérité :

Charles le Téméraire, duc de Bourgogne, se révolta contre Louis XI en 1472. A la tête de 80,000 hommes il vint mettre, à l'improviste, le siège devant Beauvais et s'empara presque sans résistance des faubourgs de la ville. Tout pouvait faire supposer aux agresseurs que la place tomberait facilement en leur pouvoir. Les fortifications étaient dans un état de délabrement déplorable. Leur peu de hauteur était un manque de protection qu'accentuait le défaut de profondeur des fossés. Enfin, pour comble de malheur, la ville était sans garnison.

C'en était fait de la cité si les habitants, par patriotisme et par haine de l'étranger, ne se fussent enthousiasmés pour la cause de leur roi et décidés à défendre avec la dernière énergie leurs franchises et leurs privilèges.

Ils acceptèrent courageusement une situation critique et se préparèrent hâtivement à lutter contre des forces très supérieures, disciplinées et aguerries.

Tous les combattants, dans ce moment de fièvre patriotique, s'employèrent utilement : pendant que les uns dépavaient les rues, les autres faisaient pleuvoir sur la tête des assiégeants une grêle de pierres. Beaucoup de femmes prirent les armes, montèrent sur les remparts et s'illustrèrent par des prodiges de courage et d'audace.

L'une d'elles, Jeanne Hachette, se distinguait particulièrement par son ardeur et son enthousiasme. Une haché à la main, et la levant au-dessus de sa tête, elle enflammait ses compagnes par ses paroles et par son exemple Constamment sur la brèche, elle repoussait les agresseurs et bravait l'ennemi au milieu des projectiles qui pleuvaient autour d'elle. Soudain un Bourguignon audacieux arrive au haut des murailles et s'apprête à y planter son étendard lorsque Jeanne Hachette, prompte comme l'éclair, s'élance sur le soldat et le précipite du haut des remparts dans les fossés.

Enfin, Charles le Téméraire, étonné de rencontrer une résistance aussi opiniâtre, lève le siège, laissant Louis XI faire le ravitaillement de la place.

Ed. RICHA.

C. CHARIER, éditeur à Saumur.

JEANNE D'ARC — N° 1
(1412-1431)

Jeanne d'Arc est née au village de Domrémy, en Lorraine. Elevée très religieusement par sa mère, Jeanne était d'une grande piété. Il lui arrivait souvent pendant ses promenades de tomber en extase, croyant entendre des voix qui lui ordonnaient de sauver la France, envahie alors par les Anglais. Elles lui commandèrent d'aller trouver Robert de Baudricourt, capitaine de Vaucouleurs, afin d'être adressée au roi de France, Charles VII, qu'elle devait mettre en possession de tout son royaume. De Baudricourt ne voulut pas d'abord déférer à son désir. Alors, elle se présenta elle-même à lui, annonçant qu'elle était envoyée de Dieu. De Baudricourt céda.

Jeanne partit donc à cheval, en costume d'homme, escortée de son frère et de quelques compagnons. Elle avait 18 ans.

Le 6 mars, elle arriva à Chinon. Elle alla droit au roi. « Gentil dauphin, dit-elle, le Roi du ciel m'a envoyée pour vous secourir, s'il vous plaît me donner gens de guerre et force d'armes. Par grâce divine, je ferai lever le siège d'Orléans et vous mènerai sacrer à Reims. »

Charles VII, après avoir consulté des « doctes juges », décida qu'elle serait mise à la tête d'une troupe armée et envoyée à Orléans.

Le 25 avril, elle partit de Tours à la tête de 5000 hommes, et le 29 du même mois elle arriva devant Orléans où elle entra le lendemain sans coup férir. Il s'agissait maintenant de déloger les Anglais des bastilles environnantes.

Le 2 mai, elle prit, à la tête de ses troupes, une bastille aux Anglais : c'était sa première victoire. Dans les jours qui suivirent, elle eut de nombreuses rencontres avec eux ; mais, dans la dernière qui décida de la levée du siège, elle fut blessée à la prise des Tournelles.

L'effet moral de cette victoire fut considérable.

Dans les premiers jours de juin, elle assiégea et prit Jargeau et Beaugency. Puis, elle prit part à la brillante et décisive victoire de Patay. Dès ce moment la marche sur Reims fut décidée.

Le 23 juin l'armée fut rassemblée à Gien, et Jeanne ouvrit, avec l'avant-garde, cette marche aventureuse à travers soixante lieues en pays occupé par l'ennemi. Ce ne fut qu'une marche triomphale. Auxerre, Troyes, Châlons ouvrirent leurs portes. Le 16 juillet, elle entra à Reims, et le lendemain Charles VII était sacré à la cathédrale.

De Reims à Paris, toutes les villes s'ouvrirent sur son passage. Dans sa tentative sur la capitale du royaume de France, elle échoua pourtant, et le 8 septembre, s'étant avancée dans les fossés pour tenter l'assaut, elle eut la cuisse traversée d'un trait d'arbalète.

On constata d'ailleurs à cette époque un peu de découragement, car elle avait toujours considéré sa mission comme terminée après le sacre de Reims.

Après plusieurs escarmouches autour de Paris, on décida qu'on se retirerait sur la Loire, lorsque Jeanne, apprenant que les Anglo-Bourguignons se dirigeaient sur Compiègne, accourut en hâte au secours de cette place. Dans une sortie à la tête de ses troupes, elle fut faite prisonnière et tomba entre les mains des Bourguignons qui la remirent aux Anglais.

Conduite à Rouen, centre de la puissance anglaise, elle fut enfermée dans une cage de fer où elle eut à subir toutes sortes d'insultes grossières de la part des soldats anglais.

Sous l'influence néfaste de l'évêque Cauchon, elle fut condamnée, comme relapse, à être brûlée vive.

Le 30 mai 1431, elle fut conduite au supplice.

Charles VII ne fit rien pour la sauver.

La mémoire de Jeanne d'Arc fut réhabilitée en 1456 après un long procès en revision.

En. RICHA.

C. CHARIER, éditeur à Saumur.

www.ingramcontent.com/pod-product-compliance
Lightning Source LLC
LaVergne TN
LVHW011508180726
843503LV00008BA/3521